W0297003

Gerhard Engelsberger

Schön, dass es dich gibt

Ausgewählte Texte
für geliebte Menschen aus

BIBELWORTE
fortgeschrieben

Die nachfolgenden Texte sind entnommen aus „Bibelworte fortgeschrieben“, die Gerhard Engelsberger seit 2006 jährlich für alle Tage des Jahres im Verlag der Evangelischen Gesellschaft Stuttgart herausgibt.
Die Erscheinungsdaten des jeweiligen fortgeschriebenen Bibelwortes finden sich jeweils am Ende.

Copyright © 2017,
Verlag und Buchhandlung der Evangelischen Gesellschaft GmbH,
Stuttgart, Augustenstraße 124, 70197 Stuttgart,
Telefon 0711 60100 0, Fax 60100 76
www.verlag-eva.de
Bibelzitate: Lutherbibel, revidiert 2017,
© 2016 Deutsche Bibelgesellschaft, Stuttgart
Alle Rechte vorbehalten.
Typografie, Satz und Umschlaggestaltung:
Atelier Reichert, Stuttgart
Fotos: Frank Zeithammer
Titelfoto: Gerhard Engelsberger
ISBN 978-3-945369-46-3

Lieben möchte ich,
geliebt werden möchte ich,
heimatlich leben
und frei von Angst.

Ein großes Geschenk:
Jemand – nahe bei mir oder mir fremd -
sagt mir überraschend:
Es ist schön,
dass es dich gibt.

Das bleibt.
Das ist nachhaltig.
Das heilt Wunden.

Und morgen
gehe ich aufrechter,
traue einem guten Wort
und verstehe, wer ich bin.

Anfangen mit Segen

Du sollst ein Segen sein.

1. MOSE 12,2

Du spürst, wessen Geistes Kind du bist. Mach dich nicht kleiner, als Gott dich sieht. Nimm auch keine drei Stufen auf einmal. Zu klein oder zu groß übersiehst du das Wesentliche. Finde dein Maß. Dann bist du ein Segen.

Gott, von dir gesegnet
beginne ich ein neues Jahr.
Eine große Weite liegt vor mir.
Und ein Berg von Sorgen.
Dein Segen baut Brücken, schafft Wege.

(1. Januar 2007)

Segen – weit über das Maß hinaus

Wo ist solch ein Gott, wie du bist, der die Sünde vergibt und erlässt die Schuld denen, die übrig geblieben sind von seinem Erbteil; der an seinem Zorn nicht ewig festhält, denn er ist barmherzig!

MICHA 7,18

Er hält fest an seinem Bund und bewahrt seinen Segen über das gültige Maß hinaus.

Du hast mich hineingeschrieben
ins Leben anderer
mit jedem Wort, mit jedem Gebet.
Du hast mich hineingewoben
ins Geflecht des Lebens
mit jeder Geste, mit jedem Segen.
Du stellst mich frei gegen jede Gewohnheit
und gibst mir Recht gegen jeden Einspruch.

(10. Dezember 2014)

Freude an Gottes Weisung

Wohl dem, der nicht wandelt im Rat der Gottlosen noch tritt auf den Weg der Sünder noch sitzt, wo die Spötter sitzen, sondern hat Lust am Gesetz des Herrn und sinnt über seinem Gesetz Tag und Nacht!

PSALM 1,1.2

Wohl dem, der mitten im lauten Gewirr des Tages Augenblicke der Stille findet, die ihn neu ausrichten. Der Menschen begegnet, die nicht auf die Nerven gehen, sondern leise und ruhig das Richtige tun und das Wesentliche sagen. Wohl dem, der selbst ein Mensch ist, von dem heute ein anderer sagt: Schön, dass es dich gibt.

Deine Weisung ist so einfach,
für jeden verständlich, auch für mich.
Schenke mir die Kraft,
auch zu tun, was ich längst schon weiß.

(14. Januar 2007)

Mein Erlöser lebt

Ich weiß, dass mein Erlöser lebt, und als der Letzte wird er über dem Staub sich erheben

HIOB 19,25

und wird auch mich aus dem Staub des Vergessens holen, er, der sich an mich in Liebe erinnert, auf dessen Namen ich getauft bin und der mich erlöst von meinen Umwegen und Irrwegen.

Ich muss vor niemandem kuschen.
Ich muss vor keinem kriechen.
Ich muss niemandem nach dem Mund reden.
Ich muss niemanden fürchten.
Getauft sein, geliebt sein, gesegnet sein
heißt frei sein.
Das danke ich dir, Gott,
Quelle all meiner Freiheit.
Ich bin so frei.

(10. November 2014)

8

Wer bist du, Mensch?

Kannst du die Bande des Siebengestirns zusammenbinden oder den Gürtel des Orion auflösen? Kannst du die Sterne des Tierkreises aufgehen lassen zur rechten Zeit oder die Bärin samt ihren Jungen heraufführen? Weißt du des Himmels Ordnungen, oder bestimmst du seine Herrschaft über die Erde?

HIOB 38,31–33

Ich studiere noch, sammle noch, forsche im Kleinsten und beobachte das Große. Doch wo immer ich bin, es stellen sich mit einer Antwort zehn neue Fragen ein.

Der Mensch schuf das Rad, heilte die Pest,
gab den Tieren die Namen.
Doch nichts von alldem änderte der Sterne Lauf.
Wir können forschen und staunen.
Du, Gott, hast geschaffen
und schaffst immer wieder neu.

(28. Oktober 2014)

Nicht nur vorläufig

Wer will die Auserwählten Gottes beschuldigen? Gott ist hier, der gerecht macht. Wer will verdammen? Christus Jesus ist hier, der gestorben ist, ja vielmehr, der auch auferweckt ist, der zur Rechten Gottes ist und uns vertritt.

RÖMER 8,33.34

Jede Schuld ist nicht nur fürs Erste beglichen, und jeder Durst ist nicht nur vorläufig gestillt: Was für dich geschehen ist, gilt. Auch für die anderen.

Was gilt?
Und für wen?
Und wie lange?
Nimm meine Kinder und Enkel mit.
Nimm meine Nachbarn mit.
Nimm mich mit.

(15. Dezember 2015)

Familie unter Druck

Die Liebe tu mir an, dass, wo wir hinkommen, du von mir sagst, ich sei dein Bruder.

1. MOSE 20,13B

Oder ich sei Tochter und Sohn, gehöre zu deiner Familie. Familien stehen unter Druck. Beide Eltern müssen arbeiten. Die Politiker reden viel davon. Bei den Menschen kommt wenig an. Nur die untauglichen Versuche, es mit Hilfe von Kitas, Omas und Opas irgendwie hinzukriegen. Und selbst das gelingt nur selten. Findet Wege, die Kinder schützen und Eltern entlasten.

Ewiger, treuer Gott, dir danken wir für alles,
was du uns schenkst. Für die offenen Hände
und die fröhlichen Augen. Für das Spiel miteinander
und für unseren Beruf. Für Vater und Mutter,
Tochter und Sohn, Schwester und Bruder,
Freund und Freundin.
Nimm uns deinen Segen, die Gesundheit der Kinder
und den Arbeitsplatz der Eltern
nicht weg.
Und danke für Oma und Opa.

(19. Oktober 2014)

Staunen üben

Nach vierzig Tagen tat Noah an der Arche das Fenster auf, das er gemacht hatte.

1. MOSE 8,6

Und siehe, die Erde war ihm bei aller Zerstörung kostbar wie ein Schatz. Und seiner Familie sagte er: Dass wir noch einmal neu beginnen dürfen, das ist ein Segen.

Die einen sagen bei offenem Fenster:
Wäre der Messias schon dagewesen,
dann sähe es draußen anders aus.
Andere schließen die Fenster und wollen
nichts hören und sehen.
Wir gehen auf die Straßen
und laden ein, Staunen zu üben.

(13. Februar 2008)

Taucht die Kinder in die Taufe

Beschnitten sein ist nichts und unbeschnitten sein ist nichts, sondern: Gottes Gebote halten.

1. KORINTHER 7,19

Nun lasst den elitären Anspruch. Taucht die Kinder ins Bad, sprecht ihnen das Wesentliche zu. Ruft sie im Namen Jesus und tauft sie im Namen des Vaters, des Sohnes und des Heiligen Geistes. Gebet ihnen Paten, sorgt für die Eltern, seid ihnen eine gute Gemeinde. Das alles ist wichtiger als die richtige Haltung bei der Taufe, das exakte Wort und ein schönes Gewand.

Säume den Weg
mit offenen Türen und schattigen Bäumen.
Birg dies Leben im Schutz deiner Engel.
Streu ihm Leichtigkeit in die Seele
und Heiterkeit ins Herz.
Den Händen gib Kraft,
den Füßen Ausdauer,
dem Atem Geduld.
Den Augen erhalte das Staunen,
den Ohren bewahre die Wachheit
und allen Sinnen
ein feines Gespür
für Stille und Wunder und Liebe.

(16. Oktober 2014)

Staunenswerter Klang

Du weckst lauten Jubel, du machst groß die Freude. Vor dir wird man sich freuen, wie man sich freut in der Ernte, wie man fröhlich ist, wenn man Beute austeilt.

JESAJA 9,2

Du weckst Einsame zu einem Chor. Du schenkst Verfolgten neuen Atem. Und du gibst unserem Körper einen Klang, über den wir nur zu staunen vermögen.

Ein Mensch darf sagen:
Ich staune – also bin ich.
Das Staunen beginnt da,
wo ich über das Alltägliche stolpere.
Du, Gott, bist in meinem Alltag.
Und ich bin in deinem.
Ich bin ein kleiner Ton
im großen Gesang
deiner Schöpfung.

11. September 2014)

Reisesegen

Der Mann aber betrachtete sie und schwieg still, bis er erkannt hätte, ob der Herr zu seiner Reise Gnade gegeben hätte oder nicht.

1. MOSE 24.21

Denn seine Reise hatte einen besonders wichtigen Grund. Er sollte Isaak eine Frau, Abraham eine Schwiegertochter und der Familie den Segen bringen.

Der Herr segne, die dich begleiten und dir begegnen.
Er halte Streit und Übles fern von dir.
Er mache dein Herz froh, deinen Blick weit
und deine Füße stark.
Der Herr bewahre dich und uns
und schenke uns ein glückliches Wiedersehen.

(22. Juli 2014)

Ich bin ein Christ

So spricht der Herr, der dich geschaffen hat: Fürchte dich nicht, denn ich habe dich erlöst; ich habe dich bei deinem Namen gerufen;

JESAJA 43,1

du gehörst zur Familie!

Man erkennt mich nicht am Stempel,
ich trage keine Nummer,
ich bin nicht austauschbar,
Gott ruft mich bei meinem Namen,

(29. Juni 2008)

Gespür für das Schöne

Ich beschwöre euch, ihr Töchter Jerusalems, bei den Gazellen oder bei den Hinden auf dem Felde, dass ihr die Liebe nicht aufweckt und nicht stört, bis es ihr selbst gefällt.

HOHELIED 2,7

Liebe ist das schönste Geschenk Gottes an alle seine Geschöpfe. Ob Tier oder Mensch – alle teilen ein Gespür für das Schöne.

Neulich sah ich
auf der gegenüberliegenden Straßenseite
in der Nähe des Bahnhofs
eine junge Frau.
Sie lachte kurz und still
in sich hinein.
Wunderbar.
Gott, segne, was sie so glücklich machte.

(14. Juli 2014)

Erkenntnis

Die Furcht des Herrn ist der Anfang der Erkenntnis.
Die Toren verachten Weisheit und Zucht.

SPRÜCHE 1,7

Aber die Klugen wissen alles und machen sich lächerlich.

Nicht sehen und doch glauben.
Nicht helfen können und doch nicht resignieren.
Nicht hören und doch ahnen.
Nicht trauen und doch wagen.
Auf die Gefahr von Enttäuschung hin lieben.
Auf die Gefahr von Tod hin leben.
Auf die Gefahr von Verlust hin schenken.
Auf die Gefahr von Versagen hin lernen.
Angesichts von Schädlingen und Trockenheit pflanzen.
Angesichts von Krieg keine Waffen schmieden.

(5. Juli 2014)

Kraft der Vergebung

Und kein Bewohner wird sagen: „Ich bin schwach“; denn das Volk, das darin wohnt, wird Vergebung der Sünde haben.

JESAJA 33,24

Und aus der Vergebung wächst eine Kraft, die stärker ist als Waffe und Macht, die größer ist als Ruhm und Titel, die mächtiger ist als Sünde und Tod.

Die Sprache ist deutlich:
Kraft der Vergebung bin ich frei.
Kraft der Liebe meiner Frau habe ich zu mir gefunden.
Kraft seines Vorbildes kann ich glauben.
Kraft des Segens kann ich aufrecht gehen.

(30. Oktober 2012)

Ich taufe – er aber ist mitten unter euch

Und sie waren von den Pharisäern abgesandt und sie fragten ihn und sprachen zu ihm: Warum taufst du denn, wenn du nicht der Christus bist noch Elia noch der Prophet? Johannes antwortete ihnen und sprach: Ich taufe mit Wasser; aber er ist mitten unter euch getreten, den ihr nicht kennt.

JOHANNES 1,24–26

Er sprach: Ich taufe nur. Er aber ist da. Ich segne nur. Er aber ist der Segen.

Dass ich bei
aller Verstimmtheit dein Instrument bleiben darf;
bei allen Umwegen dein Wegweiser;
bei allen Sprüchen dein Wort;
bei allem Erfolg dein Diener;
bei allem Zulauf dein Schuhbinder;
bei allen Versuchen dein Ankömmling.
Danke, Christus.

(24. Juni 2014)

Mann und Frau

Und Gott sprach: Lasset uns Menschen machen, ein Bild, das uns gleich sei, die da herrschen über die Fische im Meer und über die Vögel unter dem Himmel und über das Vieh und über alle Tiere des Feldes und über alles Gewürm, das auf Erden kriecht. Und Gott schuf den Menschen zu seinem Bilde, zum Bilde Gottes schuf er ihn; und schuf sie als Mann und Frau

1. MOSE 1,26.27

und sprach: Gemeinsam seid ihr „Mensch". Gemeinsam tragt ihr Segen. Als Einzelne seid ihr ein Torso.

Wohl dem,
auf dessen Weg man hin und wieder
neben dem Schleier
der Unvollkommenheit und Fehlerhaftigkeit
Momente des Glanzes entdeckt,
mit dem Gott die Welt so reich beschenkt.
Lass mich und die Meinen Träger
deines Glanzes sein.
Bescheiden und treu.

(16. Juni 2014)

Verdient

Der König wird trauern, und die Fürsten werden sich in Entsetzen kleiden, und die Hände des Volks des Landes werden kraftlos sein. Ich will mit ihnen umgehen, wie sie gelebt haben, und will sie richten, wie sie verdient haben, dass sie erfahren sollen, dass ich der Herr bin.

HESEKIEL 7,27

Und ich fragte ihn: Muss das sein?

Sind das nicht Märchen?
Wie du mir, so ich dir?
Und wenn es auch keine Märchen sind,
war da nicht ein Gott,
dem Liebe so wichtig
und jeder Mensch eine Kostbarkeit ist?

(6. November 2012)

Gott schreddert nicht

Gelobt sei Gott, der mein Gebet nicht verwirft noch seine Güte von mir wendet.

PSALM 66,20

Gott schreddert nicht. Er hat keinen Papierkorb, keinen Aktenvernichter und vergisst keines deiner Gebete.

Ewiger, treuer Gott,
dir danken wir für alles, was du uns schenkst:
für die offenen Hände und die fröhlichen Augen,
für das Spiel miteinander und für unseren Beruf,
für Vater und Mutter, Tochter und Sohn, Freund und Freundin.
Nimm deinen Segen nicht von uns.

(25. Mai 2014)

Gottes Segen ist nicht relativ

Wenn du durch Wasser gehst, will ich bei dir sein, dass dich die Ströme nicht ersäufen sollen; und wenn du ins Feuer gehst, sollst du nicht brennen, und die Flamme soll dich nicht versengen.

JESAJA 43,2

Denn ich bin ein Gott, der seinen Bund nicht bricht und seinen Segen nicht zurücknimmt.

Du bist Liebe,
wie ein Rubin rot ist.
Du gehst mir nach,
auch wenn ich dir davonlaufe.
Du bist treu,
auch wenn ich versage.
Dein Segen ist nicht relativ,
er gilt jedem, der dir vertraut.

(25. Juli 2009)

Da war noch was

Wirf dein Anliegen auf den Herrn, der wird dich versorgen.

PSALM 55,23AB

Da war noch was, dachte ich. Da war noch was mit meinem Anliegen, mit Jesus Christus und mit seiner Sorge.

Ich bin getauft worden.
Meine Eltern haben mich zur Taufe gebracht.
Ich habe vielleicht geschrien, gestrampelt und gemeutert.
So, lieber Gott, war das ein Leben lang.
Ich habe geschrien und gestrampelt.
Und doch hat mich der Pfarrer getauft,
in deinem Namen, im Namen des Vaters, des Sohnes und des Geistes.
Mehr habe ich nicht vorzubringen.
Nun bist du dran.

(24. Mai 2014)

Ein Tropfen im Strom deiner Liebe

Wer kann sagen, wie viel Sand das Meer, wie viel Tropfen der Regen und wie viel Tage die Welt hat?

JESUS SIRACH 1,2

Es ist die Wind, sagt der Sturm. Es die Zärtlichkeit, sagt die Liebe. Es ist der Zenit, sagt der Süden.

Lass mich,
Gott,
nur Tropfen sein
im Strom deiner Liebe.

(28. April 2009)

In allen

Der von oben her kommt, ist über allen. Wer von der Erde ist, der ist von der Erde und redet von der Erde. Der vom Himmel kommt, der ist über allen.

JOHANNES 3,31

Wer aber beides kennt, ist in allen.

Jesus, Menschensohn, Gottessohn,
Bruder und Schwester,
Klarheit und Antwort,
Licht und Leben –
nimm mich behutsam.
Lass mich nicht fallen.
Lass mich aufgehen
wie ein kleiner Same
in deiner Weite.

(16. Mai 2014)

Gemeinsam gehen

Und er sprach zu ihnen: Ihr sollt nichts mit auf den Weg nehmen, weder Stab noch Tasche noch Brot noch Geld; es soll auch einer nicht zwei Hemden haben.

LUKAS 9,3

Doch geht nicht allein. Auf einsamen Wegen fehlt die Weitsicht der Liebe.

Wer getrennt geht,
kommt selten gemeinsam an.
Wer gemeinsam geht,
mag länger brauchen,
aber freut sich doppelt auf das Ziel.

(16. Juli 2008)

Ohne Ausnahme

Und er hat aus einem Menschen das ganze Menschengeschlecht gemacht, damit sie auf dem ganzen Erdboden wohnen, und er hat festgesetzt, wie lange sie bestehen und in welchen Grenzen sie wohnen sollen, damit sie Gott suchen sollen, ob sie ihn wohl fühlen und finden könnten; und fürwahr, er ist nicht ferne von einem jeden unter uns. Denn in ihm leben, weben und sind wir.

APOSTELGESCHICHTE 17,26–28A

Alle. Jeder. Ohne Ausnahme.

Auf Dauer wartet Heimat
jenseits der Zäune
unter Dächern aus Zärtlichkeit und Wind;
aus Gott, in Gott.

(22. Januar 2010)

Heilsweg oder Hackordnung

Wer unter euch der Erste sein will, der sei euer Knecht.
MATTHÄUS 20,27

Das ist der kleine Unterschied zwischen Heilsweg und Hackordnung.

Erster, Letzter,
das zählt nur auf der Sportseite.
Bei dir, Gott,
zählen Dienst, Hingabe und Liebe;
die bringen jede Hackordnung durcheinander.

(18. März 2009)

Gewiss

In Christus Jesus gilt weder Beschneidung noch Unbeschnittensein etwas, sondern der Glaube, der durch die Liebe tätig ist.

GALATER 5,6

Denn gegen die Macht der göttlichen Liebe ist kein Kraut gewachsen. Die Liebe bleibt. Gewiss.

Du wirst geliebt. Sieh dich um.
So wachsen in dir Bild an Bild,
Klang an Klang, Geruch an Geruch.
Und du bist nicht mehr arm.
Du trägst die Bilder der Fülle in dir.
Begegnungen mit Gottes Glanz.
In dir wachsen das Staunen und die Dankbarkeit
und werden dir zum Trost.
Aus dieser Liebe strömt ein Glanz in deinen Alltag
und macht ihn schöner.

(9. Mai 2014)

Versuchung

Weil du mein Wort von der Geduld bewahrt hast, will auch ich dich bewahren vor der Stunde der Versuchung.

OFFENBARUNG 3,10

So nimm nun die Ungeduldigen in die Mitte, sie brauchen deine Liebe.

Mir fehlt
die Geduld.
Führe mich
aus der Versuchung

(13. März 2008)

Wenn sie erzählen könnten

O dass du auf meine Gebote gemerkt hättest, so würde dein Friede sein wie ein Wasserstrom und deine Gerechtigkeit wie Meereswellen.

JESAJA 48,18

O könnten dir doch die Wellen vom Meer erzählen, die Ströme von den Quellen und die Gebote von meiner Liebe.

Geteilte Freude macht glücklich.
Einsame Freude macht stolz.
Ich möchte wie andere glücklich werden.
Teile meine Freude.

(29. April 2014)

Das Wort

Im Anfang war das Wort, und das Wort war bei Gott, und Gott war das Wort.

JOHANNES 1,1

Der Kosmos in seiner unendlichen Weite verharrte im Schweigen und lauschte. Da war kein Urknall. Da war ein erstes, zärtliches: Ich liebe.

Licht, Leben,
Leuchten, Wachsen,
Sein und Bleiben –
alles ein Wort, ein Name:
Jesus Christus.

(12. M ai 2009)

Widerspruch

Ich freue mich und bin fröhlich in dir und lobe deinen Namen, du Allerhöchster.

PSALM 9,3

So betet ein Psalm. Aber ich habe in der Kirche noch selten Lachen gehört. Und Jesus Christus malen die Künstler seit 2000 Jahren auch ohne sichtbare Freude. Ist Glauben so traurig und ernst?

Trag dein Lachen ganz frei in den Regen,
er kommt nicht mehr.
Nimm den Wolken die Schwere am Morgen,
setz dich zur Wehr.
Achte Zartheit und Schwäche als Tugend,
vor Sturm hab acht.
Alles Weiche befrag, alles Harte beklag,
sei sacht,
mein Kind, gib auf dich acht.
Sag, wohin du gehst.
Erzähl, was du dort siehst.
Klag mir deine Not.
Tanz mir deinen Traum.
Schlaf dich bei mir aus.

(29. April 2014)

Ohne

Christus spricht: Ich bin der Weinstock, ihr seid die Reben. Wer in mir bleibt und ich in ihm, der bringt viel Frucht; denn ohne mich könnt ihr nichts tun.

JOHANNES 15,5

Und trägst du Frucht und wächst aus dir Freude für die anderen, dann danke Gott. Es ist ein Geschenk. Oder meinst du, das alles sei aus dir?

Ich weiß,
ich bin kein „Ohne-Mensch".
Da waren die Eltern,
Freunde und Geschwister.
Alle haben sie mich geprägt.
Und da warst du, Gott.
Oft irgendwie weiter weg
als die anderen.
Doch meist habe ich dich verstanden.
Und das war gut so.

(14. März 2014)

Selig die Zärtlichen

Selig sind die Sanftmütigen; denn sie werden das Erdreich besitzen.

MATTHÄUS 5, 5

Selig sind die Zärtlichen, denn sie lieben mit offenen Händen.

Der Berechnung gehört die Vergangenheit.
Der Beweis bestimmt die Gegenwart.
Die Zukunft gehört der zärtlichen Liebe.

(5. Juni 2008)

… die Beine auch

So richtet nun euer Herz und euren Sinn darauf, den Herrn, euren Gott, zu suchen.

1. CHRONIK 22,19

Und kommt nicht durch Unebenheiten ins Stocken. Gott ist euch Stecken und Stab. Ihr schafft es – wenn nötig – drei oder vier Häuser weiter. Ohne Auto. Gott ist nie weit weg. Gott ist immer ganz in eurer Nähe.

Geh deinen Weg.
Überstürze dich nicht.
Lass dich nicht aufhalten.
Wenn möglich, geh nicht allein.
Wenn nötig, trenne dich.
Auf deinem Gesicht liegt der Glanz Gottes.
In deinem Herzen schlägt die Liebe Gottes.

(3. März 2014)

Liebe zur rechten Zeit

Als nun Jesus in Betanien war im Hause Simons des Aussätzigen, trat zu ihm eine Frau, die hatte ein Glas mit kostbarem Salböl und goss es auf sein Haupt, als er zu Tisch saß. Als das die Jünger sahen, wurden sie unwillig und sprachen: Wozu diese Vergeudung?

MATTHÄUS 26,6-8

Und überhaupt: Was hat eine Frau hier zu suchen, wo es um wichtige Angelegenheiten geht?

Liebe
zur rechten Zeit,
nicht auf morgen verschieben,
und keine Verschwendung
scheuen.

(20. März 2008)

Fleurs de
Poivrons
Poivrons
580
Poivrons

Von allen Seiten

Es werden kommen von Osten und von Westen, von Norden und von Süden, die zu Tisch sitzen werden im Reich Gottes.

LUKAS 13,29

Und sie werden nicht mehr fragen, ob er ein Nazi ist oder du ein Terrorist. Sie haben gelernt aus der Vergangenheit. Sie reichen Hände, teilen, was Gott ihnen geschenkt hat: Essen, Wissen, Arbeit, Wasser und Land. Sie suchen den Frieden. Eines Tages haben sie alle gelernt – wenn ihr geduldig liebt.

Ich teile mit dir, was Gott uns schenkt.
Ich werde gebraucht.
Meine Hand ist kostbar, sie kann bergen.
Mein Ohr ist kostbar, es hört die leisen Töne.
Meine Füße sind kostbar, sie kennen den Weg.
Mein Herz ist kostbar, es schlägt für die Liebe.
Meine Zeit ist kostbar, sie ist ein Geschenk.

(26. Januar 2014)

Kann man doch so sagen

Christus spricht: Was ihr getan habt einem von diesen meinen geringsten Brüdern, das habt ihr mir getan.

MATTHÄUS 25,40

Aber Petrus fuhr dazwischen und sprach: „Du bist der Menschensohn, aber diese sind Sünder, vielleicht sogar Verbrecher! Was haben wir mit ihnen zu schaffen?"

Du hast die Autorität.
Wir haben Emotionen.
Du hast das Gesetz.
Wir haben Sorgen.
Du hast Liebe.
Wir haben Vorstellungen.

(2. September 2012)

Erkenntnis

Und es geschah, als er mit ihnen zu Tisch lag, nahm er das Brot und segnete es; und als er es gebrochen hatte, reichte er es ihnen. Ihre Augen aber wurden aufgetan, und sie erkannten ihn.

LUKAS 24,30.31A

Als sie ihn aber erkannt hatten, dankten sie Gott. Dann gingen sie zu den Frauen und entschuldigten sich für ihre Zweifel.

Liebe
öffnet die Augen
für die Wunder Gottes.

(25. März 2008)

Schönheit

Denn es wird an der Größe und Schönheit der Geschöpfe ihr Schöpfer wie in einem Bild erkannt.

WEISHEIT 13,5

Und in den Augen der Geschöpfe spiegelt sich die Zärtlichkeit Gottes.

Gott,
ich sehne mich nach Schönheit
im Tun und Lassen,
im Hören und Sehen,
im Klang und im Schweigen.
Doch alles bleibt vorläufig, geht vorüber.
Gib meiner Sehnsucht einen Ort.

(20. August 2010)

Kommen, gehen, bleiben

Ein Geschlecht vergeht, das andere kommt; die Erde aber bleibt immer bestehen.

PREDIGER 1,4

Die Gestirne kommen und gehen. Mit ihnen eines fernen Tages auch die Erde. Doch die Schöpferkraft Gottes und der kreative Geist der Liebe bleiben.

Woher ich auch komme, dein Licht war mein Weg.
Wohin ich auch gehe, deine Hand ist mein Steg.
Und wer ich auch war, am Anfang warst du.
Wer immer ich werde, du kommst auf mich zu.
Was war und was sein wird, was bleibt und was hält:
Du lebst und das zählt, Herr, in unserer Welt.
Du lebst, ich kann hoffen, du schenkst mir den Sinn,
so bleibe ich offen, wer immer ich bin.

(8. Januar 2013)

Liebe ohne Kränkung

Dies Gebot haben wir von ihm, dass, wer Gott liebt, dass der auch seinen Bruder liebe.

1. JOHANNES 4,21

Denn Liebe, die den ausschließt, den der Geliebte liebt, kränkt den Geliebten.

In der Ehe macht das Ja zu einem Menschen
die Beziehung einmalig.
Und doch wird ein Mann sich freuen
über die Freundschaften seiner Frau
und umgekehrt.
So schließt auch die Liebe zu Gott
andere nicht aus, sondern ein.

(7. Oktober 2012)

Zärtliche Liebe

Die Liebe hört niemals auf, wo doch das prophetische Reden aufhören wird und das Zungenreden aufhören wird und die Erkenntnis aufhören wird, …

1. KORINTHER 13,8

… denn Gott selbst sorgt für die Liebe.

Glücklich die Menschen,
die in ihrer Tiefe zärtlich lieben können
und zärtlich geliebt werden.
Ihnen reicht der Engel am Tor des Paradieses
lächelnd den Schlüssel zum Glück.

(19. Oktober 2010)

Erfahrung

Dann kehrten sie zurück nach Lystra und Ikonion und Antiochia, stärkten die Seelen der Jünger und ermahnten sie, im Glauben zu bleiben, und sagten: Wir müssen durch viele Bedrängnisse in das Reich Gottes eingehen.

APOSTELGESCHICHTE 14,21B.22

Sie kamen von weit her. Sie mussten noch weite Wege gehen. Sie gaben ihre Erfahrung weiter. Sie trieben keine Schönfärberei, waren ehrlich und glaubwürdig. Und blieben unterwegs.

Ich komme von weit her,
mein Enkel.
Du verstehst nicht.
Du weißt noch nichts
vom Bösen.
Ich habe Fehler gemacht.
Viele haben Fehler gemacht.
Du musst meine Fehler nicht nachmachen.
Du könntest echt lieben
und geliebt werden.
So wie ich dich liebe.
Aber auch das ist dem Wind gegeben
und Gott gesungen
für dein kleines Ohr.

(9. Oktober 2015)

Nur eine Ahnung

Das ist das erste Zeichen, das Jesus tat, geschehen in Kana in Galiläa, und er offenbarte seine Herrlichkeit. Und seine Jünger glaubten an ihn.

JOHANNES 2,11

Doch das bleib vage, war nur ein Schemen, blieb nicht in ihren Herzen. Es blieb nur das Bild, und das hat sich in ihren Herzen weiterentwickelt. Es blieb nicht die Herrlichkeit. Es blieb auch nicht die Ewigkeit. Allerdings blieb ein tiefes Gespür für Liebe.

Wir ahnen nur.
Ist einer ehrlich, dann ist er nicht ohne Zweifel.
Ist ein anderer ehrlich, dann ist er nicht ohne Glauben.
So ahnen wir. Einer stützt den anderen.
Doch beide bleiben wir bei dem tiefen Gespür von Liebe.

(4. Januar 2015)

In der Liebe

Alle eure Dinge lasst in der Liebe geschehen!

1. KORINTHER 16,14

Liebe heilt. Liebe richtet auf. Liebe verzeiht. Liebe tut gut. Liebe ist geduldig. Liebe macht nicht klein. Liebe macht mich groß. Und glücklich. Und stark. Und schön.

Das ist das tiefe Geheimnis der Liebe,
dass einer dem anderen Räume schafft,
in denen er ein sorgloser Mensch sein kann.
Muss die Sorge nicht haben, etwas leisten zu müssen,
um anerkannt zu sein.
Muss die Sorge nicht haben, etwas Falsches zu sagen.
Muss die Sorge nicht haben, nicht hübsch genug
zu sein.
Muss die Sorge nicht haben, nicht klug genug zu sein.
Muss die Sorge nicht haben, dass er nicht genügt.
Muss sich nur lieben lassen.
Kann sich mit offenen Händen, mit offenem Herzen,
mit offener Seele, mit offener Geschichte lieben lassen.

(2. Juli 2015)

Kein Zweifel.
Keine zwei Kreuze hinterm Rücken.
Keine Geheimschrift
und kein Dossier.

Es ist schön, dass es dich gibt.

Kein Aber.
Kein Relativ.
Keine Akte.
Nichts in der Hinterhand.

Es ist schön, dass es dich gibt.

Kein „Hätte“ oder „Würde“.
Kein „Sollte“ oder „Müsste“.
Nur so, wie du bist.
Eben nur so
ist es schön, dass es dich gibt.
Du bist einmalig.

Es ist schön, dass es dich gibt.